Dalai Lama

Inneren Frieden finden

Weihnachten
2005

Für Andreas

von

Christa

Dalai Lama

Inneren Frieden finden

Herausgegeben
von Michael Wallossek

Theseus Verlag

Inhalt

Wer anderen Schaden zufügt, nimmt selbst Schaden!

Wenn wir uns die vielfältigen Probleme anschauen, mit denen die Menschheit heutzutage konfrontiert ist, können wir erkennen, dass *wir* sie hervorgebracht haben. Damit meine ich nicht in erster Linie die Naturkatastrophen. Aber all die Konflikte, das Blutvergießen, die Probleme, die auf Nationalismus und dem Vorhandensein nationalstaatlicher Grenzen beruhen, sind vom Menschen verursacht.

Könnten wir vom Weltraum aus einen Blick auf die Erde werfen, so bekämen wir keine Landesgrenzen zu sehen. Wir hätten bloß einen kleinen Planeten vor Augen, *einen* Planeten.

Allerdings brauchen wir lediglich eine Linie in den Sand zu zeichnen, und schon entsteht bei uns der Eindruck, hier seien »wir« und dort »die anderen«. Je stärker dieser Eindruck wird, umso weniger sind wir in der Lage, die tatsächliche Situation zu erfassen. In vielen Ländern Afrikas und in jüngerer Zeit auch in einigen osteuropäischen Ländern herrscht ein sehr engstirniger Nationalismus.

In gewisser Weise macht jedoch die Vorstellung von »wir« und »die anderen« inzwischen kaum noch Sinn, da die Interessen unserer Nachbarn weitgehend mit unseren eigenen Interessen übereinstimmen. Kümmern wir uns um die Interessen unserer Nachbarn, so kümmern wir uns also im Grunde genommen um die eigene Zukunft. Das ist heutzutage die schlichte Realität: Wer seinem Feind Schaden zufügt, kommt selbst zu Schaden.

Infolge des modernen technischen Fortschritts, der globalisierten Wirtschaft und des dramatischen Bevölkerungswachstums hat sich unsere Welt meiner Meinung nach in hohem Maß verändert: Sie ist viel kleiner geworden. Unsere Wahrnehmungen hingegen haben sich nicht im gleichen Tempo entwickelt. Wir halten weiterhin an überkommenen Landesgrenzen fest und ebenso an den alten Gefühlen von »wir« und »sie«.

Das dialogische Prinzip

Der Krieg scheint in der Menschheitsgeschichte einen festen Platz einzunehmen. Wenn wir uns die Situation auf unserem Planeten in früheren Zeiten anschauen, so waren damals Länder, Regionen, ja selbst Dörfer wirtschaftlich voneinander unabhängig. Unserem Feind eine vernichtende Niederlage beizubringen mag unter solchen Voraussetzungen vielleicht auf einen Sieg für uns hinausgelaufen sein.

Heutzutage sind wir aber so hochgradig voneinander abhängig, dass das Konzept des Krieges ausgedient hat. In unserer Zeit sollten wir bei Problemen und Meinungsverschiedenheiten über den Dialog zu Lösungen gelangen. Der Dialog ist die einzige Methode, die uns weiterbringt. Die Vorstellung von einem einseitigen Sieg hat ihre Gültigkeit verloren. Wir müssen uns um einvernehmliche Konfliktlösungen – Konfliktlösungen im Geist der Versöhnung – bemühen und dabei stets die Interessen der anderen mit im Auge behalten.

Wir dürfen unsere Nachbarn nicht vernichten! Wir dürfen ihre Interessen nicht missachten! Andernfalls hätte dies unweigerlich zur Folge, dass wir letzten Endes selbst darunter leiden müssten. Aus meiner Sicht hat daher das Konzept der Gewalt keinen Platz mehr in unserer Zeit. Gewaltlosigkeit ist der richtige Weg.

Was bedeutet »Gewaltlosigkeit«?

Gewaltlosigkeit heißt nicht, dass wir angesichts eines Problems die Hände in den Schoß legen sollten. Im Gegenteil: Es kommt darauf an, mit vollem Engagement bei der Sache zu sein. Allerdings gilt es stets so zu handeln, dass unser Handeln nicht uns alleine zugute kommt. Wir dürfen nicht gegen die Interessen der anderen verstoßen.

Gewaltlosigkeit zeichnet sich demnach nicht einfach nur durch Nichtausübung von Gewalt aus, sondern durch eine Haltung des Mitgefühls und des Eintretens für andere. Gewaltlosigkeit ist geradezu eine Manifestation von Mitgefühl. Ich bin der festen Überzeugung, dass wir solch eine Vorstellung von Gewaltlosigkeit in der Familie, auf nationaler und auf internationaler Ebene fördern sollten. Jeder Mensch hat es in der Hand, zu solch mitfühlender Gewaltlosigkeit seinen Beitrag zu leisten.

Wie lässt sich dies nun in die Praxis umsetzen? Anfangen können wir damit bei uns selbst. Zunächst einmal sollten wir uns bemühen, die Dinge nicht mehr so eng zu sehen und Situationen von allen Seiten her zu betrachten. Denn sobald wir vor Problemen stehen, erfassen wir die Situation gewöhnlich bloß aus *einem* Blickwinkel, unserem Blickwinkel. Andere Aspekte der Situation klammern wir mitunter sogar bewusst aus. Das führt dann häufig zu unheilvollen Konsequenzen. Jedenfalls ist es für uns ganz entscheidend, die Dinge nicht mehr so eng zu sehen.

Uns sollte klar werden, dass die anderen genauso

an der menschlichen Gesellschaft teilhaben wie wir. Wir können uns unsere Gesellschaft wie einen Körper vorstellen – mit Körperteilen wie zum Beispiel Armen und Beinen. Selbstverständlich unterscheidet sich der Arm vom Bein. Stößt aber dem Fuß etwas zu, eilt ihm die Hand sofort zu Hilfe. Ebenso sollten wir Hilfe leisten, wenn in unserer Gesellschaft etwas nicht in Ordnung ist. Weshalb? Weil es sich hier um einen Teil des Körpers, um einen Teil von uns handelt.

Lassen Sie uns diesen schönen blauen Planeten bewahren!

Unbedingt müssen wir uns um den Umweltschutz kümmern. Die Umwelt ist unser Zuhause, unser einziges Zuhause! Gewiss, unter Wissenschaftlern ist von einer möglichen Besiedlung des Mars oder des Mondes die Rede. Falls wir in der Lage sein sollten, dort für angenehme und behagliche Lebensbedingungen zu sorgen – gut, warum nicht. Doch das dürfte wohl schwierig werden. Wir müssten großen technischen Aufwand betreiben, um dort überhaupt atmen zu können.

Ich finde, unser blauer Planet ist ausgesprochen schön und uns sehr ans Herz gewachsen. Wo sollen wir hingehen, wenn wir ihn zerstören oder ihm aufgrund unserer Nachlässigkeit schweren Schaden zufügen? Umweltschutz liegt daher in unserem ureigensten Interesse.

Im Kreis der Familie kann sich allein schon dadurch etwas ändern, dass wir einen umfassenderen Blick für die eigene Situation entwickeln und so unser Bewusstsein erweitern – oder anders ausgedrückt, größeres Gewahrsein entwickeln. Mitunter führt ein nichtiger Anlass zu Auseinandersetzungen zwischen Mann und Frau, beziehungsweise zwischen einem der beiden Eltern und ihrem Kind. Wenn Sie bloß *einen* Aspekt der Situation in Erwägung ziehen, Ihr Augenmerk einzig und allein auf das unmittelbare Problem richten, ja dann liefert dieses in der Tat Anlass genug für Auseinandersetzungen und Streitigkeiten – bis hin zur Scheidung!

Betrachten wir die Situation dagegen von allen möglichen Seiten, so stellen wir fest, dass es zwar ein akutes Problem gibt, aber auch ein gemeinsames Interesse. Möglicherweise überlegen Sie sich dann: »Hier handelt es sich um ein eher geringfügiges Problem, das ich im Dialog lösen sollte, nicht durch drastische Maßnahmen.« Auf diese Weise können wir dafür sorgen, dass in der eigenen Familie wie auch in der Gesellschaft eine Atmosphäre der Gewaltlosigkeit entsteht.

Vom Umgang mit den Emotionen

Die menschlichen Emotionen sind überaus kraftvoll und überwältigen uns manchmal. Die Folgen können katastrophal sein. Eine wichtige Praxis der Geistesschulung beinhaltet daher die Auflösung von starken Emotionen, bevor diese in uns aufsteigen.

Wenn wir zum Beispiel Wut oder Hass empfinden, denken wir vielleicht: »Ja, jetzt verleiht mir die Wut zusätzliche Energie, meine Entschlossenheit wächst, und meine Reaktionsschnelligkeit nimmt zu.« Bei genauerem Hinschauen wird aber deutlich, dass die durch negative Emotionen hervorgerufene Energie ihrem Wesen nach blind ist. Wir können erkennen, dass sie kein besonnenes Vorgehen zulässt, sondern viele verhängnisvolle Auswirkungen nach sich zieht. Bringt also die von negativen Emotionen hervorgerufene Energie wirklichen Nutzen? Das möchte ich bezweifeln.

Viel lieber sollten wir die Situation sorgfältig analysieren, um dann in Klarheit und mit Objektivität zu entscheiden, welche Gegenmaßnahmen ergriffen werden sollten. Auf dieser Grundlage kann meiner Meinung nach eine heilsamere, nützlichere und produktivere Energie entstehen.

Behandelt uns jemand ungerecht, sollten wir

zunächst die Situation analysieren. Wenn wir das Gefühl haben, die Ungerechtigkeit ertragen zu können, und wenn wir dabei keine allzu schlimmen Konsequenzen in Kauf nehmen müssen, halte ich es für das Beste, uns mit der Ungerechtigkeit abzufinden. Führt uns hingegen unsere klare und bewusste Einschätzung zu dem Schluss, dass eine Hinnahme dieser Ungerechtigkeit eher negative Konsequenzen hätte, dann müssen wir zu geeigneten Gegenmaßnahmen greifen. Allerdings sollten wir durch eine klare und bewusste Einschätzung der Situation zu dieser Schlussfolgerung gelangt sein – und nicht aus Wut. Durch Wut und Hass fügen wir meiner Meinung nach eigentlich *uns* größeren Schaden zu als der Person, auf die unser Problem zurückgeht.

Der Feind – unser bester Lehrer

Nehmen wir einmal an, dass Ihr Nachbar Sie hasst und Ihnen immerfort Probleme bereitet. Wenn Sie nun Ihrerseits dem Nachbarn gegenüber Wut- und Hassgefühle entwickeln, so beeinträchtigt das Ihre Verdauung, es geht auf Kosten Ihres gesunden Schlafs, und Sie müssen anfangen, Beruhigungspillen und Schlaftabletten zu schlucken. Schließlich benötigen Sie diese in höherer Dosierung, und das schadet Ihrem Körper. Darunter leidet Ihre Stimmung, was zur Folge hat, dass Ihre alten Freunde sich von Ihnen zurückziehen. Allmählich bekommen Sie immer mehr graue Haare, mehr Falten im Gesicht, und schließlich treten womöglich gravierende Gesundheitsprobleme auf. Ihr Nachbar findet das ausgesprochen erfreulich. Denn er hat sein Ziel erreicht, ohne Ihnen auch nur ein einziges Haar zu krümmen!

Gelingt es Ihnen hingegen, weiter zufrieden, heiter und gelassen zu sein, obwohl er ihnen unrecht tut, so bleiben Sie bei guter Gesundheit, haben nach wie vor viel Freude und Ihre Freunde werden Sie gerne besuchen. Sie haben mehr Erfolg im Leben – was Ihrem Nachbarn in der Tat Kopfzerbrechen bereiten wird. Ich finde es klug, dem Nachbarn auf diese Art und Weise zuzusetzen. Das meine ich keineswegs im Spaß. Darin verfüge ich durchaus über einige Erfahrung.

Nachsicht und Geduld dürfen Sie nicht als Zeichen von Schwäche betrachten. Beides zeugt in meinen Augen von Stärke.

Wenn wir vor einem Feind stehen, einer Einzelperson oder einer Gruppe von Menschen, die uns Schaden zufügen wollen, können wir darin eine willkommene Gelegenheit sehen, Nachsicht und Geduld zu entwickeln. Denn wir brauchen diese Eigenschaften, sie sind von großem Wert für uns. Aber erst angesichts der Herausforderung durch einen Feind können wir sie entwickeln. Dies ist unsere einzige Gelegenheit.

So gesehen ist der Feind unser Lehrer. Gleichgültig, welche Motivation unsere Feinde haben mögen, sind sie für uns auf diese Weise ein großer Gewinn, ein Segen. Im Allgemeinen bieten die schwierigen Lebensphasen die beste Gelegenheit, wertvolle Erfahrungen zu sammeln und innere Stärke zu entwickeln.

Die Übung des »Gebens und Nehmens«

Wenn Sie, statt auf erlittenes Unrecht mit Wut und Hass zu reagieren, Geduld und Toleranz entwickeln, müssen Sie vielleicht vorübergehend ein gewisses Maß an Schmerz und Leid in Kauf nehmen. Sie können jedoch das geduldige Hinnehmen solcher Unannehmlichkeiten zu einem Eckpfeiler Ihrer spirituellen Praxis machen; zum Beispiel indem Sie stille Wunschgebete und Widmungen sprechen: »Möge ich durch die Erfahrung dieses Leids fähig werden, all meine in der Vergangenheit begangenen negativen Handlungen zu läutern.«

Sie könnten diese Gelegenheit auch nutzen, um *tong-len* zu praktizieren, die Übung des »Gebens und Nehmens«. Um dies zu tun, sollten Sie sich angesichts schmerzlicher und leidvoller Erfahrungen auf folgende Gedanken besinnen: »Möge ich dieses Leid stellvertretend für alles ähnliche Leid erfahren, das anderen Menschen vielleicht noch bevorsteht. Mehr noch: Möge ich durch diese Erfahrung alle empfindenden Wesen davor bewahren, solches Leid ebenfalls erdulden zu müssen.« Auf diese Weise nimmt man das Leid der anderen auf sich und nutzt die Unannehmlichkeiten, die man erlebt, als Ausgangspunkt für die Meditationsübung des »Gebens und Nehmens«.

Im Umgang mit Erkrankungen erweist sich dieser Ratschlag als besonders hilfreich. Natürlich ist es wichtig, zunächst alle erforderlichen Vorkehrungen zu treffen, um nach Möglichkeit gar nicht erst krank zu werden – indem Sie sich angemessen ernähren und dergleichen. Erkranken Sie dennoch, sollten Sie nicht versäumen, entsprechende Heilmittel einzunehmen und andere für den Gesundungsprozess unerlässliche Maßnahmen zu ergreifen.

Mit welcher Geisteshaltung Sie der Erkrankung begegnen, kann dabei allerdings einen wichtigen Unterschied machen: Statt sich selbst zu bemitleiden, statt sich von Angst und Sorge überwältigen zu lassen, können Sie sich vor solchem – überflüssigerweise zusätzlich im Geist hervorgerufenen – Schmerz und Leid bewahren, indem Sie sich eine geeignete Einstellung zu Eigen machen.

Auch wenn sich der reale körperliche Schmerz so vielleicht nicht unmittelbar lindern lässt, können Sie folgenden Wunsch hegen: »Möge ich, indem ich diesen Schmerz und dieses Leid erfahre, anderen Menschen helfen können. Und möge ich diejenigen, denen unter Umständen die gleiche Erfahrung bevorsteht, davor bewahren können.«

Solch eine Übung wird nicht unbedingt die tatsächliche körperliche Heilung herbeiführen. Doch mit Sicherheit kann sie uns vor unnötigem Schmerz und Leid mentaler Art bewahren. Und obendrein verschafft sie Ihnen die Möglichkeit, über diese Erfahrung nicht betrübt zu sein, sondern sie als eine Art Vergünstigung anzusehen. Man kann sie als eine günstige Gelegenheit betrachten, als eine besondere, unser Leben bereichernde Erfahrung, und sich über diese freuen.

Zu einer umfassenderen Sicht der Dinge gelangen

Eins liegt meines Erachtens klar auf der Hand: Solange Sie nur an sich selbst denken, verengt sich Ihr Blick für das Ganze der Wirklichkeit, und aufgrund dieses eingeengten Blickfeldes können Ihnen unangenehme Dinge unermesslich groß erscheinen – so groß, dass Sie es mit der Angst zu tun bekommen, diese Dinge Ihnen schwer zu schaffen machen und Sie den Eindruck gewinnen, von Kummer und Leid überwältigt zu werden. Sobald Sie hingegen mit einer fürsorglichen Einstellung an andere denken, weitet sich Ihr Blickfeld. Von dieser umfassenderen Warte aus betrachtet, wirken Ihre persönlichen Probleme vergleichsweise unbedeutend, und das macht einen großen Unterschied.

Fürsorge für andere wird Ihnen – ungeachtet der eigenen Schwierigkeiten und Probleme – zu einer gewissen inneren Stärke verhelfen. Angesichts dieser Stärke werden Ihnen ihre persönlichen Probleme weniger schwerwiegend und weniger lästig vorkommen. Indem Sie sich über ihre eigenen Probleme hinwegsetzen und sich um andere kümmern, werden Sie innere Stärke, Selbstvertrauen, Mut und ein Gefühl von größerer innerer Gelassenheit gewinnen.

Eine einfache Meditation

Es gibt eine buddhistische Meditationspraxis, bei der man sich vorstellt, die gegenwärtige Freude und die Quelle aller möglichen Freuden den Menschen zu schenken und dadurch all ihr Leid zu beseitigen. Gewiss, an ihrer konkreten Situation können wir dadurch nichts ändern. Doch ich habe den Eindruck, dass wir durch eine Einstellung, bei der wir mit echter Fürsorge und wirklichem Mitgefühl an ihrer unglückseligen Lage Anteil nehmen, ihr Leid durchaus lindern können, wenn auch nur auf der seelischen Ebene. Der entscheidende Punkt an dieser Praxis aber ist: Wir entwickeln mehr innere Stärke und werden beherzter.

Ich habe ein paar Verszeilen herausgesucht, bei denen ich das Gefühl habe, dass Menschen aller Glaubensrichtungen sie akzeptieren können; ja selbst die Menschen, die sich zu keinem Glauben bekennen. Wenn Sie gläubig sind, können Sie beim Lesen dieser Zeilen an Gott in der von Ihnen verehrten Form oder Gestalt denken. Zum Beispiel kann ein Christ über Jesus beziehungsweise über Gott nachsinnen und ein Moslem über Allah. Während Sie diese Verse sprechen, fassen Sie den festen Vorsatz, den für Sie maßgeblichen spirituellen Werten künftig einen höheren Stellenwert in Ihrem Leben einzuräumen.

Und wer nicht religiös ist, kann über folgenden Sachverhalt reflektieren: Sämtliche Wesen sind Ihnen insofern fundamental gleich, dass sie ebenfalls alle nach Glück streben und jegliches Leid überwinden wollen. In Anbetracht dieser Tatsache geloben Sie, Herzensgüte zu entwickeln. Warmherzigkeit ist für uns das Allerwichtigste. Solange wir ein Mitglied der menschlichen Gemeinschaft sind, kommt es darauf an, ein gütiger, warmherziger Mensch zu sein.

Möge den Armen Reichtum zuteil werden,
und den von Kummer und Leid Entkräfteten
Freude.

Mögen die Verzweifelten neue Hoffnung
schöpfen,
dauerhaftes Glück finden und zu Wohlstand
gelangen.
Mögen die Verängstigten ihre Angst ab-
streifen,
und die Gefesselten frei sein.
Mögen die Schwachen zu Kräften kommen,
und mögen ihre Herzen in Freundschaft
verbunden sein.

Ein »weiser Egoismus«

Indem wir uns, von Fürsorge geleitet, für andere empfindende Wesen einsetzen, werden als Begleiterscheinung die eigenen Interessen verwirklicht und es gehen auch *unsere* Wünsche in Erfüllung.

Tsongkapa, ein tibetischer Meister aus dem 15. Jahrhundert, weist in seiner Schrift »Die große Darlegung des Stufenweges zur Erleuchtung« auf diesen Zusammenhang hin: »Je mehr der Praktizierende sich Aktivitäten widmet, die vor allem darauf ausgerichtet sind, dem Wohl der anderen zu dienen, umso mehr gehen ganz nebenbei, ohne dass es dazu einer besonderen Anstrengung bedarf, die persönlichen Bestrebungen in Erfüllung, werden die persönlichen Ziele verwirklicht.«

Einige von Ihnen haben vielleicht schon bei anderer Gelegenheit aus meinem Mund etwas gehört, das ich recht häufig anspreche – dass die *bodhisattvas*, die Praktizierenden auf dem buddhistischen Weg des Mitgefühls, einen »weisen Egoismus« an den Tag legen, während Menschen wie Sie und ich »törichte Egoisten« sind. Wir sind auf uns selbst bedacht und schenken anderen keine Beachtung, was zur Folge hat, dass wir unglücklich sind und schlimme Zeiten durchmachen.

Der Umgang mit leidvollen Erfahrungen auf dem spirituellen Weg

Wenn wir auf dem spirituellen Weg von einer Art von Toleranz, von einer Duldsamkeit sprechen, die erfordert, dass wir Entbehrungen, Schmerz und Leid als Tatsachen akzeptieren, sollten wir nicht die irrige Vorstellung haben, diese spirituellen Lehren besagten, Leid sei etwas Schönes oder Erstrebenswertes. Überflüssig zu erklären, dass ich solch eine Sicht nicht gutheiße. Ich persönlich glaube, dass der Zweck unseres Daseins darin besteht, nach Glück zu trachten, Zufriedenheit und Erfüllung anzustreben.

Tatsächlich machen wir aber Erfahrungen von Entbehrung, Schmerz und Leid. Damit wir einen gewissen Nutzen aus ihnen ziehen können, ist es von entscheidender Bedeutung, diesen Prüfsteinen des Lebens gegenüber eine realistische Einstellung zu entwickeln.

Wenn wir die Natur des Leids untersuchen, werden wir feststellen, dass es für bestimmte Arten von Leid Abhilfe gibt, wir sie also überwinden können. Sobald wir das wirklich erkannt haben, sollten wir nach den entsprechenden Lösungen und den Mitteln zur Überwindung des Leids suchen.

Doch es gibt auch andere Arten von Leid, die unausweichlich und unüberwindlich sind. In diesen Fällen ist es wichtig, eine Geisteshaltung zu entwickeln, die es uns gestattet, auf realistische Weise mit dem Leid umzugehen.

Indem Sie das tun, werden Sie lernen, leidvolle Erfahrungen so zu akzeptieren, wie sie kommen. Solch eine Haltung wird Sie schützen – nicht unbedingt vor der physischen Wirklichkeit des Leids, aber vor der unnötigen, zusätzlichen seelischen Belastung, gegen dieses Leid anzukämpfen.

Der indische Weise und Gelehrte Shantideva hat schon vor über zwölfhundert Jahren* darauf hinge-

* Shantideva, *Die Lebensführung im Geiste der Erleuchtung – Das Bodhisattvacharyavatara*, Theseus, Berlin 2004. (Anm. d. Hrsg.)

wiesen, mit welcher Sicht der Dinge wir dem Leid besonders wirkungsvoll begegnen können: Ist ein Problem so beschaffen, dass es einen Ausweg, eine Lösung gibt, brauchen wir uns diesbezüglich keine Sorgen zu machen. Existiert hingegen kein Ausweg, keine Lösung, macht es ebenso wenig Sinn, sich zu sorgen!

Der Sinn des Lebens

All unserer Erfahrung liegt, ob wir uns dessen nun bewusst sind und darüber nachdenken oder nicht, eine große Frage zugrunde – die Frage nach dem Sinn des Lebens. Der Sinn und Zweck unseres Daseins besteht nach meiner Überzeugung darin, glücklich zu sein.

Vom Augenblick der Geburt an möchte jeder Mensch glücklich sein, und niemand will leiden. Weder die soziale Konditionierung noch die Erziehung oder Ideologien wirken sich darauf aus. Im

Kern unseres Daseins hegen wir einfach diesen tief empfundenen Wunsch nach Zufriedenheit.

Ob dem gesamten Universum mit seinen zahllosen Galaxien, Gestirnen und Planeten darüber hinaus noch eine tiefere Bedeutung innewohnt, weiß ich nicht. Soviel ist jedoch klar: Wir Menschen auf dieser Erde stehen vor der nicht eben leichten Aufgabe, ein glückliches Leben zu führen.

Wir sind etwas grundlegend anderes als ein maschinell hergestelltes Objekt, mehr als bloße Materie. Wir haben Empfindungen, und wir machen Erfahrungen. Wären wir lediglich mechanische Gebilde, dann könnten Maschinen all unser Leid lindern und all unsere Bedürfnisse stillen. Doch materielles Wohlergehen allein genügt uns nicht. Kein materielles Objekt, wie schön oder wertvoll es auch sein mag, kann bewirken, dass wir uns geliebt fühlen. Wir brauchen etwas tiefer Gehendes, das ich gewöhnlich als menschliche Zuneigung oder Wärme bezeichne.

Mit menschlicher Wärme – oder Mitgefühl –

können wir all die materiellen Annehmlichkeiten, die uns zur Verfügen stehen, sehr konstruktiv einsetzen und gute Resultate erzielen. Fehlt es aber an menschlicher Wärme, so bleiben bloße materielle Annehmlichkeiten unbefriedigend, und sie bringen keinerlei inneren Frieden oder Glück.

Die wahrhaft menschlichen Werte fördern

Als Menschen verfügen wir alle über das Potenzial, glücklich und mitfühlend zu sein, und ebenso wohnt uns das Potenzial inne, gemein zu anderen zu sein und ihnen Schaden zuzufügen. Das Potenzial für all diese Dinge ist in jedem von uns vorhanden. Wenn wir glücklich sein wollen, sollten wir versuchen, die positiven und wertvollen Persönlichkeitsaspekte, die jeder von uns in sich trägt, zu fördern, die negativen hingegen einzuschränken.

Negative Dinge zu tun – beispielsweise zu stehlen oder zu lügen – scheint mitunter kurzfristig Zufriedenheit und Erfolg zu bringen, auf lange Sicht ziehen solche Handlungen allerdings immer Schmerz und Leid nach sich. Positive Handlungen andererseits verhelfen uns stets zu innerer Stärke.

Aufgrund von innerer Stärke haben wir weniger Angst und mehr Selbstvertrauen. So fällt es uns viel leichter, unsere Fürsorge für andere über alle religiösen, kulturellen oder sonstigen Schranken hinweg auszuweiten. Es ist daher sehr wichtig, unser Potenzial zum Guten wie zum Schlechten zu erkennen, um anschließend sorgsam damit umzugehen.

Dies möchte ich als die Förderung der menschlichen Grundwerte bezeichnen. Das Verständnis für die allgemeinen menschlichen Grundwerte – Mitgefühl, Fürsorge und engagiertes Eintreten für andere – zu verbessern ist stets mein wichtigstes Anliegen gewesen. Ohne diese Werte können Sie nicht glücklich sein. Dabei spielt es keine Rolle, zu welcher Religion Sie sich bekennen, oder ob Sie überhaupt ein gläubiger Mensch sind.

Was ist »Glück«?

Lassen Sie uns nun über das Wesen des Glücks nachdenken. Als Erstes können wir feststellen, dass es sich beim Glück um eine relative Qualität handelt und wir es je nach Umständen ganz unterschiedlich erleben. Was den einen Menschen froh stimmt, kann für den anderen eine Quelle des Leids sein.

Die meisten von uns würden entsetzlich darunter leiden, den Rest ihres Lebens im Gefängnis verbringen zu müssen. Aber ein Straftäter, dem die Todesstrafe droht, wäre wahrscheinlich sehr glücklich, wenn sein Urteil in »Lebenslänglich« umgewandelt würde.

Zweitens ist es wichtig zu erkennen, dass wir dieses eine Wort »Glück« zur Beschreibung höchst unterschiedlicher Zustände verwenden (im Tibetischen wird das besonders augenfällig, denn hier bedeutet der entsprechende Ausdruck – *de wa* – zugleich »Freude« und »Vergnügen«): Wir können Glück empfinden, wenn wir an einem heißen Tag in einem kühlen Bergsee baden; wir haben Glück, wenn wir etwa das große Los ziehen; doch auch in Bezug auf ein gutes Familienleben sprechen wir von Glück.

Im letzten Fall bezeichnet »Glück« eher einen Zustand, der trotz aller Höhen und Tiefen und gelegentlicher Unterbrechungen dauerhaften Charakter hat. Im Fall des kühlen Bergsees andererseits handelt es sich notwendigerweise um etwas Vorübergehendes, um das Ergebnis einer für die Sinne wohltuenden Aktivität. Bleiben wir zu lange im Wasser, beginnen wir zu frieren. Ja, das Glück, das wir aus dieser Aktivität ziehen, hängt geradezu von ihrer Kurzlebigkeit ab.

So flüchtig wie ein Tautropfen

Jenes Glück, zu dem uns Geld unter Umständen verhelfen kann, bleibt meist auf das beschränkt, was man sich für Geld kaufen kann: materielle Dinge und Sinnesfreuden. Und die, so stellen wir fest, können wiederum Anlass zur Sorge geben.

Was reale Besitztümer betrifft, müssen wir einräumen, dass sie uns im Leben oft zusätzliche Probleme bereiten, statt die vorhandenen zu verringern: Der Wagen streikt, wir verlieren Geld, etwas Kostbares wird uns gestohlen, in unserem Haus bricht Feuer aus; und passiert all das nicht, dann fürchten wir, es könne passieren.

Andernfalls, wenn also die oben genannten Handlungen und Umstände nicht bereits die Saat des Leids in sich tragen würden, müsste durch sie unser Glück immer größer und größer werden; denn je mehr wir uns ihnen hingäben, desto stärker würde ihre Glück spendende Ursache auf uns einwirken.

Das trifft aber nicht zu. Selbst wenn es uns gelegentlich so vorkommt, als hätten wir das vollkommene Glück gefunden, entpuppt sich diese scheinbare Vollkommenheit doch immer wieder als so flüchtig wie ein Tautropfen auf einem Blatt: Er funkelt für kurze Zeit in der Sonne, um wenig später zu verschwinden.

Daran sieht man, weshalb es ein Fehler ist, zu viele Hoffnungen an materielle Dinge zu knüpfen. Das Problem liegt nicht im Materialismus als solchem. Vielmehr ergibt es sich aus der Annahme, allein aus der Befriedigung der Sinne könne vollkommene Zufriedenheit entstehen.

Ein Fass ohne Boden

Das vergängliche Glück vom dauerhaften zu unterscheiden und das flüchtige dem echten gegenüberzustellen mag ja schön und gut sein, könnte man hier einwenden. Ein Verdurstender zum Beispiel kenne jedoch kein größeres Glück, als genügend Wasser trinken zu können. Das ist unbestreitbar. Steht das Überleben auf dem Spiel, werden unsere Bedürfnisse derart dringlich, dass ihrer Befriedigung der größte Teil unserer Anstrengungen gilt.

Gleichwohl rührt der Überlebensdrang von körperlichen Erfordernissen her. Folglich bleibt eine physische Befriedigung immer auf das beschränkt, was die Sinnesorgane vermitteln können. Daraus abzuleiten, dass wir unter allen Umständen die sofortige Befriedigung der Sinne anstreben sollten, wäre wohl kaum gerechtfertigt.

Bei genauerem Hinsehen erkennen wir nämlich, dass die kurze Hochstimmung, die wir bei der Befriedigung von Sinnesimpulsen erleben, sich vermutlich gar nicht so sehr von der Empfindung eines Drogensüchtigen unterscheidet, der seinen Drang stillt. Die vorübergehende Erleichterung wird bald vom Verlangen nach mehr abgelöst. Und genauso, wie die Einnahme von Drogen letzten

Endes nur Schwierigkeiten verursacht, verhält es sich auch mit vielem, was wir zur Befriedigung unserer unmittelbaren sinnlichen Bedürfnisse unternehmen.

Damit will ich nicht sagen, etwas sei schlecht an dem Vergnügen, das wir bestimmten Aktivitäten abgewinnen. Allerdings sollten wir anerkennen, dass keine Aussicht besteht, die Sinne dauerhaft zufrieden zu stellen. Beispielsweise kann das Vergnügen, das uns ein gutes Essen bereitet, allenfalls so lange andauern, bis wir zum nächsten Mal Hunger verspüren.

»Die Befriedigung der Sinne«, heißt es in den Schriften eines frühen indischen Autors, »gleicht dem Trinken von Salzwasser: Unser Bedürfnis und unser Durst werden umso größer, je mehr wir trinken.«

Eine heilsame Motivation entwickeln

Wenn wir wirklich glücklich werden wollen, dann erfordert dies eine Veränderung unserer inneren Einstellung und unserer Denkweise. Und das ist keine einfache Angelegenheit, denn es setzt voraus, dass wir uns viele verschiedene Faktoren aus unterschiedlichen Bereichen zunutze machen. Keineswegs sollte man meinen, nur ein einziger Schlüssel müsse gefunden werden oder die Entdeckung *eines* Geheimnisses reiche aus, und schon sei alles in Ordnung.

Eher verhält es sich so wie im Fall einer angemessenen Nährstoffversorgung unseres physischen Körpers: Man benötigt ein ganzes Spektrum von Vitaminen und anderen Nahrungsbestandteilen, nicht bloß ein oder zwei. Wollen wir des Glücks teilhaftig werden, sind wir gleichermaßen auf eine Vielfalt von Vorgehensweisen und Methoden angewiesen, um mit den unterschiedlich komplexen negativen Geisteszuständen umzugehen und sie zu überwinden. Und wenn Sie versuchen, eine bestimmte negative Einstellung abzulegen, können Sie dies nicht dadurch bewirken, dass Sie lediglich ein- oder zweimal einen speziellen Gedanken aufgreifen beziehungsweise ein- oder zweimal eine Technik zur Anwendung bringen. Wandel braucht Zeit.

Selbst körperlicher Wandel beansprucht Zeit. Bei einem Klimawechsel zum Beispiel müssen wir dem Körper Zeit geben, sich an die veränderten Voraussetzungen zu gewöhnen. Ebenso nimmt auch die Transformation Ihres Bewusstseins Zeit in Anspruch. Der Geist kann viele negative Aspekte aufweisen, und jedem von ihnen gilt es entgegenzuwirken. Das ist nicht einfach. Dazu bedarf es der wiederholten Anwendung vielfältiger Techniken und der nötigen Zeit, um sich mit den entsprechenden Praxismethoden vertraut zu machen. Hier geht ein längerfristiger Lernprozess vonstatten.

Im Lauf der Zeit aber können Sie Fortschritte erzielen. Davon bin ich überzeugt. Jeden Tag können Sie gleich nach dem Aufstehen von ganzem Herzen eine heilsame Motivation entwickeln, etwa indem Sie den Gedanken hegen: »Diesen Tag werde ich auf eine positivere Art und Weise nutzen. Ich sollte den heutigen Tag nicht vergeuden.« Und überlegen Sie am Abend vor dem Schlafengehen, inwieweit Sie Ihr selbst gestecktes Ziel erreicht haben. Stellen Sie sich die Frage: »Habe ich diesen Tag meinen Absichten entsprechend genutzt?« Wenn ja, können Sie sich darüber freuen, während Sie angesichts eines Misserfolges Ihr Handeln bedauern und den Tagesablauf einer kritischen Betrachtung unterziehen sollten. Mit Hilfe derartiger Methoden lassen sich die positiven Bewusstseinsaspekte schrittweise stärken.

Wahres Glück

Als buddhistischer Mönch bin ich in der Praxis, in der Philosophie und in den Prinzipien des Buddhismus unterwiesen worden. Auf die Anforderungen, die das moderne Leben an mich stellt, habe ich hingegen im Rahmen meiner Ausbildung so gut wie keine praktische Vorbereitung erhalten. Im Lauf meines Lebens musste ich enorme Verantwortung tragen und mit vielen Problemen fertig werden. Als ich sechzehn war, wurde Tibet besetzt, und ich verlor meine Freiheit. Als ich mit vierundzwanzig ins Exil gehen musste, verlor ich auch meine Heimat.

Seitdem habe ich mehr als vierzig Jahre lang als Flüchtling in einem fremden Land gelebt, wenngleich es sich bei diesem Land um meine geistig-spirituelle Heimat handelt. Während dieser Zeit habe ich versucht, meinen Flüchtlingsgefährten zu dienen – und zugleich, soweit irgend möglich, meinen in Tibet verbliebenen Landsleuten. Bis heute hat unser Heimatland unermessliche Zerstörung und schreckliches Leid hinnehmen müssen. Und ich habe nicht nur meine Mutter und andere Familienmitglieder verloren, sondern auch liebe Freunde.

Natürlich stimmt mich der Gedanke an all diese Verluste traurig. Dennoch erfreue ich mich meist großer innerer Ruhe und Zufriedenheit. Und selbst wenn Schwierigkeiten auftauchen, wie es nun einmal unvermeidlich ist, beeinträchtigen sie meine innere Ausgeglichenheit im Allgemeinen kaum. Ohne Zögern kann ich von mir sagen, dass ich glücklich bin.

Das Hauptmerkmal echten Glücks besteht meiner Erfahrung zufolge in Frieden, innerem Frieden. Damit meine nicht solch ein Gefühl, wie »high« zu sein. Ebenso wenig meine ich damit die Abwesenheit von Gefühl. Der Frieden, den ich beschreiben möchte, erwächst im Gegenteil aus der Anteilnahme am Wohlergehen der anderen und beinhaltet ein hohes Maß an Sensibilität und Gefühl. Was Letzteres anbelangt, kann ich allerdings für mich persönlich nicht in Anspruch nehmen, es sehr weit gebracht zu haben. Meinen »Frieden« schreibe ich eher dem Bemühen zu, Anteilnahme für andere zu entwickeln.

Ein scheinbares Paradoxon

Aus der Tatsache, dass innerer Frieden das Hauptmerkmal des Glücks ist, erklärt sich auch dieses scheinbare Paradoxon: Manche Menschen – so jemanden kennt wahrscheinlich jeder von uns – bleiben, obwohl materiell mit allem versorgt, unzufrieden; anderen wiederum gelingt es den allerschwierigsten Umständen zum Trotz, glücklich zu sein.

Denken Sie an die achtzigtausend Tibeter, die unser Land in den Monaten nach meiner Flucht ins Exil verlassen haben, um in das von der indischen Regierung angebotene Asyl zu gelangen. Sie waren mit äußerst schwierigen Umständen konfrontiert, kaum etwas Essbares stand ihnen zur Verfügung, und noch schlechter war es um die Arzneimittelversorgung bestellt. In den Flüchtlingslagern fanden sie lediglich Zelte vor. Die meisten Menschen besaßen wenig mehr als die Kleider, die sie auf dem Leib trugen. Sie waren in dicke, unseren strengen Wintern angemessene *chubas* (die traditionelle tibetische Kleidung) gehüllt, während sie in Indien eigentlich leichte Baumwollsachen benötigt hätten. Viele steckten sich mit furchtbaren Krankheiten an, die es in Tibet nicht gab.

Doch trotz all dieser leidvollen Erfahrungen weisen die Überlebenden heute kaum Anzeichen einer Traumatisierung auf. Und selbst damals verloren nur wenige völlig den Mut, und noch weniger Tibeter ließen sich von Sorge und Verzweiflung überwältigen. Ich möchte sogar behaupten, dass die meisten, nachdem sie den ersten Schock überwunden hatten, recht optimistisch blieben und, ja, sogar glücklich waren.

Was ich damit sagen will: Sobald es uns gelingt, diese Art von innerem Frieden zu entwickeln, wird unser grundlegendes Wohlbefinden intakt bleiben, gleichgültig, welchen Schwierigkeiten wir uns im Leben gegenübersehen. Außerdem folgt daraus, dass wir uns irren, wenn wir annehmen, äußere Faktoren könnten uns vollkommen glücklich machen – obgleich sie unbestreitbar ihre Bedeutung haben.

Welche Rolle spielen äußere Faktoren für unser Glück?

Veranlagung, Erziehung und die Lebensumstände tragen zweifellos zu unserer Erfahrung im Umgang mit dem Glück bei. Und wir alle können wohl bestätigen, dass der Weg zum Glück beschwerlich sein kann, wenn bestimmte Bedingungen unerfüllt bleiben.

Sehen wir uns das etwas näher an. Gesundheit,

Freunde, Freiheit und ein gewisser Wohlstand sind hilfreich und kostbar. Nach einer guten Gesundheit sehnen wir uns alle, das ist selbstverständlich. Ebenso wünscht sich und braucht jeder von uns Freunde, ganz unabhängig von unserer Lebenslage oder davon, wie erfolgreich wir sind.

Mich haben zum Beispiel Uhren immer fasziniert, und obwohl ich diejenige, die ich am meisten trage, ganz besonders schätze, bringt sie mir doch niemals Zuneigung entgegen. Um das befriedigende Gefühl der Liebe zu erfahren, brauchen wir Freunde, die unsere Zuneigung erwidern. Natürlich gibt es verschiedene Arten von Freunden. Denn mitunter gilt eine Freundschaft im Grunde genommen nicht dem Menschen selbst, sondern bloß seinem gesellschaftlichen Status, seinem Geld und Ruhm. Ich meine hier hingegen nur solche Freunde, die uns auch in schwierigen Lebenslagen helfen, nicht aber jene, die ihre Beziehung auf äußere, oberflächliche Dinge gründen.

Freiheit im Sinn einer Unabhängigkeit, die es

uns gestattet, nach Glück zu streben, eine eigene Meinung zu vertreten und zu äußern, trägt ebenfalls zu unserem inneren Frieden bei. Einige Staaten lassen solch eine Freiheit beziehungsweise Unabhängigkeit nicht zu. Dort gibt es Spitzel, die in allen gesellschaftlichen Gruppen, ja sogar in den Familien herumspionieren – mit dem unausweichlichen Resultat, dass die Menschen ihr Vertrauen zueinander verlieren. Sie werden argwöhnisch, einer zweifelt die Aufrichtigkeit des anderen an. Ist allerdings das Grundvertrauen eines Menschen erst einmal zerstört, wie könnte er dann glücklich sein?

Auch Wohlergehen – weniger im Sinn eines materiellen Überflusses als im Hinblick auf eine geistige und emotionale Lebendigkeit – trägt deutlich zu unserem inneren Frieden bei. Hierzu möchte ich noch einmal an die tibetischen Flüchtlinge erinnern, die trotz ihres Mangels an Gütern glücklich sind.

Jeder dieser Faktoren spielt also für die Entwicklung des persönlichen Wohlbefindens eine wichtige Rolle. Ohne ein elementares Gefühl von innerem Frieden und Sicherheit sind sie aber nutzlos. Warum? Weil, wie wir gesehen haben, unsere Besitztümer selbst eine mögliche Quelle der Angst darstellen. Entsprechendes gilt beispielsweise auch, wenn wir uns um den Verlust unseres Arbeitsplatzes sorgen. Selbst unsere Freunde und Angehörigen können zum Anlass von Sorgen werden; sie können erkranken und unserer Hilfe bedürfen, während wir gerade durch wichtige Angelegenheiten gebunden sind; sie können sich sogar gegen uns wenden und uns hintergehen.

Ähnlich verhält es sich mit unserem Körper: Wie fit und schön er im Moment auch sein mag, letztlich wird er vom Alter heimgesucht. Ebenso wenig sind wir jemals vor Krankheit und Schmerz gefeit. Solange uns der innere Frieden fehlt, besteht daher keine Aussicht auf dauerhaftes Glück.

Unsere geistige Grundhaltung

Eine wesentliche Bedingung für inneren Frieden ist unsere geistige Grundeinstellung. Lassen Sie mich das an einem persönlichen Beispiel veranschaulichen. Heutzutage bin ich meist gelassen und in der Lage, Geduld aufzubringen; früher dagegen war ich oft aufbrausend und neigte zu einer Ungeduld, die sich bisweilen zu Wutanfällen steigern konnte. Doch mitunter verliere ich natürlich auch heute noch meinen Gleichmut. In entsprechenden Momenten kann das kleinste Ärgernis solch unangemessene Dimensionen annehmen, dass es mich ganz erheblich aus dem Gleichgewicht bringt.

Unter Umständen kommt es dann vor, dass ich morgens aufwache und ohne besonderen Grund schlecht gelaunt bin. In diesem Zustand können mich selbst Dinge ärgern, die mir sonst eigentlich gefallen. Möglicherweise brauche ich nur auf meine Uhr zu blicken, und schon steigt Ärger in mir hoch. Sie scheint nicht mehr als eine materielle Belanglosigkeit und damit eine Quelle weiteren Leids zu sein.

An anderen Tagen wache ich auf und finde meine Uhr wunderschön, so fein, so ausgeklügelt. Dabei handelt es sich um dieselbe Uhr. Was aber ist anders? Werden meine Empfindungen – Abscheu heute, Zufriedenheit morgen – allein vom Zufall bestimmt? Oder sind hier neurologische Abläufe am Werk, die sich meiner Kontrolle entziehen? Meine jeweilige Verfassung mag zwar durchaus damit zu tun haben, der entscheidende Faktor ist jedoch meine geistige Einstellung. Der Grundhaltung, mit der wir äußeren Umständen gegenüberstehen, gebührt deshalb beim Nachdenken über die Frage, wie wir inneren Frieden erlangen können, stets unser Hauptaugenmerk.

Shantideva hat in diesem Zusammenhang einmal festgestellt, keinesfalls könnten wir jemals genügend Leder auftreiben, um damit die gesamte Erde so zu bedecken, dass wir uns nie den Fuß an einem Dorn verletzen werden. Das sei allerdings auch gar nicht nötig, schließlich reiche es ja, unsere Fußsohlen mit Leder zu schützen.

Mit anderen Worten: Mag sein, dass es uns nicht möglich ist, die äußeren Umstände unseren Wünschen gemäß zu verändern – unsere innere Einstellung jedoch können wir ändern und uns somit schützen.

Was können wir tun?

Die andere wichtige Quelle für inneren Frieden – und damit für echtes Glück – sind natürlich die Maßnahmen, die wir auf unserer Suche nach dem Glück ergreifen. Sie lassen sich in drei Kategorien unterteilen: Handlungen, die einen positiven Beitrag leisten; solche, deren Auswirkungen neutral sind, und jene, die sich negativ auswirken. Überlegen wir, was die Handlungen, die zu dauerhaftem Glück beitragen, von jenen unterscheidet, die nur ein vorübergehendes Wohlgefühl vermitteln, dann erkennen wir, dass letztere von sich aus keinen positiven Wert besitzen.

Wir haben zum Beispiel Appetit auf Süßes, wünschen uns ein modisches Kleidungsstück oder wollen etwas Neues erleben. Wirklich notwendig ist das alles nicht. Wir wollen das Objekt unserer Begierde einfach haben, das Gefühl genießen oder die neue Erfahrung machen, und setzen, ohne richtig darüber nachzudenken, dieses Verlangen in die Tat um. Ich sage nicht, dies sei grundsätzlich falsch. Die Lust auf Greifbares gehört zur menschlichen Natur. Wir wollen sehen, wir wollen berühren, wir wollen haben.

Dabei ist aber, wie bereits erwähnt, die Einsicht von größter Wichtigkeit, dass jene Dinge, die wir allein um des Vergnügens willen begehren, die Eigenheit haben, uns letztlich vor Probleme zu stellen. Mehr noch: Wir erkennen, dass sie ebenso wie das Glück, das aus der Befriedigung solcher Bedürfnisse resultiert, flüchtig sind.

Nun zu jenen Handlungen, die inneren Frieden und dauerhaftes Glück herbeiführen können: Was geschieht, wenn wir Aktivitäten in Angriff nehmen, die uns lohnend und sinnvoll erscheinen? Vielleicht entschließen wir uns, ein Stück karges Land zu kultivieren, es mit großem Arbeitsaufwand fruchtbar zu machen.

Bei der Betrachtung solcher Tätigkeiten fällt uns auf, dass sie viel Umsicht erfordern. Verschiedene Faktoren müssen gegeneinander abgewogen werden, die wahrscheinlichen wie auch die möglichen Folgen für uns und die anderen. Bei diesem Bewertungsprozess stellt sich die Frage nach der Moral, nach der ethischen Vertretbarkeit unserer Absichten, wie von selbst.

Vielleicht verspürt man anfangs den Impuls, sich betrügerischer Mittel zu bedienen, um das gewünschte Resultat zu erzielen. Schließlich gelangen wir aber zu der Einsicht, dass solch ein Verhalten auf längere Sicht vermutlich Ärger nach sich ziehen würde. Wenn wir nun unser Ziel mit Engagement und Hingabe ansteuern und den schnellen Nutzen für uns selbst geringer bewerten als den langfristigen Beitrag zum Glück der anderen, wird uns jenes Glück zuteil, das sich durch inneren Frieden und echte Zufriedenheit auszeichnet.

Der Unterschied zwischen spirituellem und ethischem Handeln

Zwischen den Handlungen, die wir moralisch oder ethisch, und jenen, die wir spirituell nennen, sollten wir einen wichtigen Unterschied erkennen. Ethisch motiviert ist eine Handlung, bei der wir davon Abstand nehmen, das Glückserleben oder die Glückserwartung anderer zu beeinträchtigen. Spirituelle Aktivitäten hingegen setzen darüber hinaus ein gewisses Interesse am Wohl der anderen voraus. Solche spirituellen Handlungen, deren Beweggrund nicht in kleinlichem Egoismus, sondern in der Anteilnahme am Wohl der anderen besteht, kommen schließlich uns selbst zugute.

Und nicht nur das – darüber hinaus geben sie unserem Leben Sinn. Das ist jedenfalls meine Erfahrung. Mit Blick auf mein Leben kann ich ohne zu zögern sagen: Gemessen an dem Glück, das ich erfahren habe, wenn ich anderen Gutes tun konnte, tragen solche Dinge wie das Amt des Dalai Lama samt der politischen Macht, die es mir überträgt, und dem relativen Wohlstand, den es mir zur Verfügung stellt, bloß einen winzig kleinen Bruchteil zu meinem Glück bei.

Hält dieses Denkmodell einer Untersuchung stand? Ist ein Verhalten, das von dem Wunsch bestimmt wird, anderen zu helfen, der effektivste Weg zu echtem Glück?

Überlegen Sie sich bitte Folgendes: Wir Menschen sind soziale Wesen. Wir kommen in diese Welt, weil andere gehandelt haben. Ebenso sind wir auf andere angewiesen, um überleben zu können. Ob es uns gefällt oder nicht, fast in jedem

Augenblick unseres Lebens profitieren wir von den Handlungen anderer. Daher sollte es eigentlich nicht verwundern, dass unser Glück größtenteils aus unseren Beziehungen zu ihnen erwächst und es uns ganz besondere Freude bereitet, wenn wir uns mit Fürsorge um andere kümmern.

Doch damit nicht genug: Wir stellen fest, dass altruistisches Verhalten nicht nur Glück bewirkt, sondern zugleich unser Leid verringert. Das soll nicht heißen, ein Mensch, dessen Handlungen darauf ausgerichtet sind, andere glücklich zu machen, müsse weniger Härten im Leben erdulden als ein Mensch ohne diese Motivation. Krankheit, Alter und andere Beschwernisse ereilen jeden von uns. Jenes Leid allerdings, das unseren inneren Frieden untergräbt – Angst, Zweifel, Enttäuschung –, tritt eindeutig weniger in Erscheinung. Bemühen wir uns um andere, so sorgen wir uns weniger um uns selbst. Und wenn wir uns weniger um uns selbst sorgen, ist die Empfindung eigenen Leids weniger intensiv.

Was sagt uns das? Erstens: Weil jede unserer Handlungen einen universalen Aspekt und damit möglicherweise Einfluss auf das Glück anderer Wesen hat, ist Ethik ein unverzichtbares Element, durch das sichergestellt wird, dass wir andere nicht verletzen. Zweitens lehrt es uns, dass echtes Glück in jenen geistig-seelischen Eigenschaften wie Mitgefühl, Liebe, Hingabe, Geduld, Toleranz und Vergebung besteht. Denn sie führen das Glück herbei – unseres und das der anderen.

Mitgefühl, Weisheit und Einsicht

Grundsätzlich ist Mitgefühl gleichbedeutend mit dem Wunsch, dass die anderen Wesen frei sein mögen von Leid. Bei genauerer Betrachtung lassen sich zwei Stufen unterscheiden. Einerseits kann es sich um einen bloßen Wunsch handeln. Man wünscht sich einfach, dass die anderen Wesen von Leid frei sein mögen. Auf einer höheren Stufe beinhaltet dieses Gefühl jedoch noch eine zusätzliche Dimension – den Willen, an dem Leid der anderen tatsächlich etwas zu ändern. In diesem Fall kommt zum altruistischen Denken und Empfinden ein Gefühl der Verantwortung und persönlichen Verpflichtung hinzu.

Für die erste wie für die zweite Stufe gilt aber: Damit es gelingt, *bodhichitta* – die altruistische Geisteshaltung, mit der wir zum Wohl aller empfindenden Wesen nach Erleuchtung streben – zu entwickeln, muss das Mitgefühl durch einen weiteren Faktor ergänzt werden: durch Weisheit beziehungsweise Einsicht. Fehlt es Ihnen in dem Moment, in dem Sie mit dem Leid eines anderen konfrontiert werden, an Weisheit und Einsicht, so mag sich zwar spontan echtes Mitgefühl in Ihnen regen, dennoch können Sie kaum mehr tun, als den Wunsch äußern: »Möge er oder sie von jenem Schmerz oder Leid frei sein.«

Mit der Zeit erwächst daraus womöglich ein Gefühl der Hilflosigkeit, weil Ihnen klar wird, dass

Sie praktisch nichts zur Änderung der Situation beitragen können. Verfügen Sie hingegen über Weisheit und Einsicht, stehen Ihnen weit mehr Mittel zur Verfügung. Und je mehr Sie dann Ihre Aufmerksamkeit auf die Person richten, die Ihr Mitgefühl erfährt, umso intensiver und umfassender wird dieses werden.

Weil sich Einsicht und Weisheit in solcher Weise auf die Entwicklung des Mitgefühls auswirken, wird in der buddhistischen Literatur zwischen drei Arten von Mitgefühl unterschieden. Auf der ersten Stufe besteht Mitgefühl, wie gesagt, lediglich in dem Wunsch, die anderen empfindenden Wesen von Leid befreit zu sehen. Es wird durch keine besondere Einsicht in die Natur des Leids oder die Natur eines empfindenden Wesens verstärkt.

Auf der zweiten Stufe besteht Mitgefühl nicht mehr nur in dem bloßen Wunsch, die anderen empfindenden Wesen von Leid befreit zu sehen. Vielmehr wird es durch die Einsicht in die Vergänglichkeit des Daseins verstärkt; zum Beispiel durch die Einsicht, dass das Dasein des Wesens, dem Ihr Mitgefühl gilt, nicht von Dauer ist. Durch Einsicht ergänzt, gewinnt Ihr Mitgefühl an Kraft.

Auf der dritten Stufe schließlich spricht man von »nichtvergegenständlichendem Mitgefühl«. Es kann demselben leidenden Wesen gelten, bezieht jetzt aber seine Kraft aus der vollkommen klaren Einsicht in die letztendliche Natur jenes Wesens. Diese Art von Mitgefühl ist deshalb so kraftvoll, weil Sie sich auf den betreffenden Menschen einlassen können, ohne ihn oder sie zu vergegenständlichen – ohne an der Vorstellung zu haften, ihm oder ihr komme eine objektive Wirklichkeit zu.

Alle empfindenden Wesen als unsere Mütter ansehen

Da Mitgefühl den Wunsch beinhaltet, dass die anderen von Leid frei sein mögen, erfordert es vor allem die Fähigkeit, sich mit anderen Wesen verbunden zu fühlen. Unser Einfühlungsvermögen einem bestimmten Menschen oder Tier gegenüber – das wissen wir aus Erfahrung – nimmt zu, je näher wir uns jenem Wesen fühlen. Bei dem Entwickeln von Mitgefühl ist demnach die Fähigkeit, sich in andere hineinzuversetzen, sich mit ihnen verbunden und ihnen nahe zu fühlen, ein wichtiges Element. Im Buddhismus spricht man hier von einem Gefühl der innigen Vertrautheit mit dem Wesen, dem das Mitgefühl gilt; oder auch von Herzensgüte. Je näher Sie sich jemand anderem fühlen, umso weniger werden Sie es ertragen können, sein oder ihr Leid mit anzusehen.

Dieses Gefühl der Nähe oder innigen Vertrautheit entwickelt man im Buddhismus vor allem mittels zweier Methoden: Die eine ist das »Gleichsetzen und Austauschen von uns selbst und anderen«, die andere ist die »Methode von Ursache und Wirkung in sieben Punkten«. Sie lassen uns eine Einstellung entwickeln, mit deren Hilfe wir uns allen anderen Wesen gegenüber so verhalten können, wie wir es gewöhnlich nur im Umgang mit jemandem tun, der uns sehr lieb und teuer ist.

Dafür gibt es ein überliefertes Bild: Wir sollen alle empfindenden Wesen als unsere Mütter ansehen. In einigen Schriften heißt es allerdings auch, wir sollen die Wesen als unsere Väter betrachten, als liebe Freunde, als enge Verwandte, und so weiter. Die Mutter dient hier also nur als Beispiel. Entscheidend ist, dass wir alle anderen Wesen als unsere Lieben anzusehen lernen, denen wir von Herzen verbunden sind.

Bei manchen Menschen führt die Sieben-Punkte-Methode zu besseren Resultaten, bei anderen wiederum – abhängig von den persönlichen Neigungen und der Mentalität – diejenige, bei der wir uns selbst mit anderen gleichsetzen und austauschen. Doch war es innerhalb der tibetischen Überlieferung durchaus üblich, beide Methoden miteinander zu kombinieren, um aus der praktischen Umsetzung beider Ansätze Gewinn ziehen zu können.

Gleichmut üben

Bevor wir die »Methode von Ursache und Wirkung in sieben Punkten« anwenden können, müssen wir allen Wesen gegenüber Gleichmut entwickeln. Dieser bekundet sich darin, dass wir ihnen allen in gleicher Weise mitfühlend und unvoreingenommen begegnen. Um das zu erreichen, müssen wir uns mit unseren Gedanken und Emotionen auseinandersetzen. Wir sollten uns nicht nur um die Überwindung von extrem negativen Emotionen wie Wut und Hass bemühen; darüber hinaus sollten wir bei dieser spirituellen Praxis versuchen, mit dem Anhaften zu arbeiten, das wir unseren Lieben gegenüber verspüren.

Gewiss, unserem Festhalten an jene, die uns lieb sind, wohnt ein Empfinden von Nähe und Vertrautheit inne, ferner ein Element von Liebe, Mitgefühl und Zuneigung. Doch sind diese Emotionen häufig von starkem Verlangen durchsetzt. Der Grund hierfür liegt auf der Hand: Im Umgang mit Menschen, an denen wir sehr hängen, sind wir für extreme Emotionen besonders anfällig. Handelt solch ein Mensch dann entgegen unseren Erwartungen, so kann uns das weit mehr verletzen, als wenn jemand anderes, dem wir uns nicht so sehr verbunden fühlen, genau dasselbe tun würde.

Dies macht deutlich, dass unserer Zuneigung ein großes negatives Potenzial innewohnen kann. Mit unserer spirituellen Praxis versuchen wir unser Anhaften an bestimmte Menschen in der Weise auszubalancieren, dass unser Empfinden von Nähe ihnen gegenüber echt ist, aber keine Spur von Verlangen aufweist.

Bei der Übung in gleichmütiger Unvoreingenommenheit kommt somit alles darauf an, die parteiischen, Unterschiede hervorrufenden Empfindungen abzulegen, die unseren Umgang mit anderen gewöhnlich beeinflussen. Diese Empfindungen beruhen auf unseren wechselhaften, nach Nähe oder Distanz suchenden Emotionen und Gedanken. Durch Anhaftung wird unser Blickfeld so weit eingeschränkt, dass wir nicht mehr in der Lage sind, die Dinge in einem größeren Rahmen wahrzunehmen.

Freunde, Feinde und Fremde

Manchmal können uns Visualisierungen helfen, Unvoreingenommenheit zu entwickeln. Zum Beispiel können Sie sich vorstellen, drei verschiedene Menschen vor sich zu haben: einen, der Ihnen sehr nahe steht; einen, den Sie für Ihren Feind halten und nicht mögen; und schließlich einen, dem Sie mit neutralen Empfindungen begegnen, weder als Freund noch als Feind.

Lassen Sie dann ihren natürlichen Emotionen und Gedanken im Hinblick auf diese drei Personen freien Lauf. Sobald Ihnen das gelingt, werden Sie feststellen, dass Sie bei dem geliebten Menschen ein Gefühl von Nähe und auch von starker Anhaftung empfinden; bei der ungeliebten Person spüren Sie vermutlich Feindseligkeit und Distanz; und bei dem für Sie neutralen Menschen wird sich wahrscheinlich gar kein Gefühl regen.

Gehen Sie an dieser Stelle folgenden Fragen nach: »Warum habe ich jenen drei Menschen gegenüber so unterschiedliche Empfindungen?« »Warum hänge ich so sehr an den Menschen, die mir lieb sind?« Das könnte Ihnen vor Augen führen, dass es für Ihr Anhaften bestimmte Gründe gibt. Dieser Mensch ist Ihnen lieb, weil er oder sie so manch Gutes für Sie getan hat. Wenn Sie sich dann aber fragen, ob es sich dabei um dauerhafte Merkmale handelt oder, anders ausgedrückt, ob der oder die Betreffende immer gut zu Ihnen sein wird, müssen Sie sich wohl eingestehen, dass dies nicht unbedingt der Fall sein muss. Wer heute Ihr Freund ist, kann morgen zu Ihrem Feind werden. Das trifft besonders dann zu, wenn es – wie aus buddhistischer Sicht – wohlmöglich um Beziehungen geht, die sich über zahlreiche Leben hinziehen. Jemand, der ihnen in diesem Leben besonders nahe steht, kann in einem anderen Leben Ihr Feind gewesen sein. So gesehen gibt es wirklich keinen Grund, ein derart starkes Anhaften zu empfinden.

Entsprechend schenken Sie anschließend der ungeliebten Person Ihre Aufmerksamkeit und fragen sich: »Aus welchen Gründen hege ich diesem Menschen gegenüber solch negative Empfindungen?« Hier verhält es sich wahrscheinlich so, dass er oder sie Ihnen bestimmte unerfreuliche Dinge angetan hat. Aber wird dieser Mensch sein ganzes Leben lang Ihr Feind bleiben und muss er Ihnen immer schlechtes antun? Wenn Sie darüber hinaus eine Beziehung über zahlreiche Leben hinweg in Erwägung ziehen, wird Ihnen klar, dass der oder die Betreffende Ihnen in einem vorherigen Leben sehr nahe gestanden haben kann. Dieses Feindschaftsverhältnis ist demnach nur eine recht kurzlebige Angelegenheit. Allmählich sehen Sie ein, dass solch ausgeprägte Wut- und Hassgefühle diesem Menschen gegenüber ungerechtfertigt sind.

Betrachten Sie schließlich den Menschen in der Mitte, auf den Sie mit völlig neutralen Empfindungen reagieren. Wenn Sie sich bei ihm die gleichen Fragen stellen, wird Ihnen klar, dass der oder die Betreffende Ihnen vielleicht in diesem Leben wenig bedeutet, in früheren Leben hingegen für Sie sehr wichtig gewesen sein mag. Und auch in diesem Leben kann er oder sie in Zukunft irgendwann von Bedeutung für Sie sein.

Diese Art von Visualisierung kann also dazu beitragen, Ihre überaus wankelmütigen Empfindungen anderen Menschen gegenüber ausgeglichener zu gestalten und eine stabile Grundlage zu schaf fen, auf der sich eine ausgewogene Empfindung von Nähe aufbauen lässt. Indem wir in diesem Sinn über unsere Emotionen nachdenken und sie aus unterschiedlichen Blickwinkeln hinterfragen, werden wir erkennen, dass die intensiven Emotionen, zu denen wir im Umgang mit anderen Menschen neigen, und unser daraus hervorgehendes Verhalten ziemlich töricht sind.

Bewusstsein und Wiedergeburt

Innerhalb der buddhistischen Literatur nimmt der Umstand, dass man alle empfindenden Wesen als die eigene Mutter betrachten soll, Bezug auf die Vorstellung von der Aufeinanderfolge verschiedener Leben. Hier kommen also all die Fragen von Wiedergeburt ins Spiel. Um verstehen zu können, weshalb Wiedergeburten möglich sind, muss man, so betonen die buddhistischen Lehren, die Natur des Bewusstseins verstehen.

Bewusstsein ist ein Phänomen, das nur von einem vorhergehenden Bewusstseinsmoment herrühren kann. Materie kann nicht zu Bewusstsein werden. Das ist der entscheidende Punkt. Sofern es ganz allgemein um den Zusammenhang zwischen Geist und Materie geht, kann das eine zwar als ursächlicher Faktor für das andere eine Rolle spielen. Als Ursache für Bewusstsein im Sinn eines individuellen Kontinuums bedarf es aber eines vorhergehenden Bewusstseinsmoments.*

Heutzutage wird viel über Bewusstsein, Geist, Gedanken, Emotionen und dergleichen gesprochen. Im Buddhismus gibt es aber eine ganz spezifische Definition von Bewusstsein als »etwas, dessen Natur reine Lichtheit und bloßes Erkennen ist«; als die Fähigkeit des Erkennens und ursprünglichen Gewahrseins.

Derart allgemein über diese Dinge zu sprechen ist ja schön und gut. Meiner persönlichen Auffas-

---

* Siehe auch: Dalai Lama, *Das Herz der Liebe*, Theseus, Berlin 2004, S. 33-39. (Anm. d. Hrsg.)

sung nach kann sich allerdings ein wirkliches Verständnis dessen, was wir Bewusstsein nennen, nur aufgrund von Erfahrung einstellen. Ich glaube nicht, dass sich die Bedeutung von Bewusstsein allein durch intellektuelle Erörterungen oder wortreiche Beschreibungen vermitteln lässt. Aus meiner Sicht ist ein aus Erfahrung erwachsendes Verständnis von Bewusstsein oder Geist von unschätzbarem Wert.

In der tibetischen Überlieferung verfügen wir über verschiedene Techniken, die uns zu einem erfahrungsbezogenen Verständnis dessen verhelfen, was wir als Bewusstsein oder Gewahrsein bezeichnen. Die Dzogchen-Überlieferung* zum Beispiel hat eine Praxis zur Wahrnehmung des Geistes, bei der man von einer Empfindung des Erstaunens ausgeht, dann seine Gedanken emporkommen lässt und in diesem neutralen Zustand auf die Geistesaktivität achtet. In ähnlicher Weise

---

* Siehe auch: Dalai Lama, *Dzogchen, Die Herz-Essenz der Großen Vollkommenheit*, Theseus, Berlin 2001. (Anm. d. Hrsg.)

nimmt man in der Sakya-Überlieferung der »Vereinigung von Tiefe und Klarheit« die Natur des Geistes wahr, indem man den Geist in seinem natürlichen, ungekünstelten Zustand ruhen lässt und dann seine Aktivität beobachtet. Entsprechend praktiziert man in der Gelug- und in der Kagyü-Überlieferung Mahamudra (das große Siegel), um die Bedeutung von »Geist« zu verstehen.

Wenn Sie zu einem auf Erfahrung beruhenden Verständnis der Bedeutung von »Gewahrsein« gelangen, indem Sie sich solch einer Praxis widmen, und wenn sie dann zu begreifen versuchen, was das anfanglose Bewusstseinskontinuum ist, so gelangen Sie zu einer persönlichen Einsicht. Andernfalls aber kann die bloße Feststellung, dass jedem Gewahrseinsmoment ein anderer Gewahrseinsmoment vorhergehen muss, nicht sonderlich überzeugend für Sie sein. Es bedarf der eigenen Erfahrung, um die Bedeutung dieser Aussage zu erfassen.

Natürliche Verbundenheit

Im Buddhismus spielt die Besinnung auf die Güte sämtlicher Wesen eine zentrale Rolle. Vor dem Hintergrund der weiter oben dargelegte Überlegung, dass alle Wesen in früheren Leben einmal unsere Mütter gewesen sind, entsteht ganz von alleine der Wunsch: »Auf keinen Fall will ich versäumen, ihre Güte zu erwidern. Für die große Güte, die sie mir erwiesen haben, möchte ich mich unbedingt erkenntlich zeigen!«

Sobald Sie in allen anderen Wesen Ihre gütige, geliebte Mutter erkennen, werden Sie sich ihnen auf ganz natürliche Weise verbunden fühlen. Auf dieser Grundlage sollten Sie Liebe beziehungsweise Herzensgüte entwickeln, die traditionell als der Wunsch definiert wird, die anderen glücklich zu sehen; ferner sollten Sie Mitgefühl entwickeln, den Wunsch, dass die anderen von Leid frei sein mögen. Liebe und Mitgefühl sind die beiden Seiten derselben Medaille.

Sich selbst mit anderen gleichsetzen und austauschen

Eine andere Methode um Gleichmut zu entwickeln wird im Rahmen der Praxis des »Gleichsetzens und Austauschens von uns selbst und anderen« gelehrt. Allerdings hat Gleichmut in diesem Zusammenhang eine andere Bedeutung. Darunter ist hier die Anerkennung der grundlegend gleichen Geistesbeschaffenheit sämtlicher Wesen zu verstehen – »gleich« in dem Sinn, dass ganz genauso, wie *Sie* den spontanen Wunsch haben, glücklich zu sein und das Leid zu überwinden, sich auch *jedes andere* Wesen dies wünscht.

Lassen Sie uns versuchen, genauer zu verstehen, welche Voraussetzungen diesem Bestreben, von Leid frei zu sein, zugrunde liegen. Es beruht nicht etwa auf Selbstüberschätzung oder Selbstgefälligkeit; solche Gedankengänge spielen hier keine Rolle. Vielmehr ergibt sich dieses elementare Bestreben schlicht und einfach aus dem Umstand, dass wir bewusste Lebewesen sind. Und mit ihm geht die innere Gewissheit einher, dass ich als Individuum ein legitimes Recht habe, dieses Verlangen zu verwirklichen.

Wenn wir das akzeptieren, können wir dasselbe Prinzip in gleicher Weise für andere gelten lassen; und uns wird klar, dass auch jeden anderen derselbe elementare Drang antreibt wie uns selbst. Falls ich also als Individuum das Recht habe, dieses Verlangen zu verwirklichen, trifft das ebenso auf alle anderen zu. In Anbetracht dessen sollte man die fundamentale Gleichheit und Gleichberechtigung aller Wesen anerkennen.

Innerhalb der Praxis des Gleichsetzens und Austauschens von uns selbst und anderen entspricht dies der Gleichsetzungsstufe. Hier gelangen wir zu dem Verständnis, dass wir und die anderen fundamental gleich sind.

Absolut gleich

Auf der nächsten Stufe besinnen wir uns auf die Nachteile und negativen Auswirkungen eines allzu selbstverliebten Denkens sowie auf die Vorzüge einer Geisteshaltung, bei der wir uns um das Wohl der anderen Gedanken machen. Wie gehen wir dabei vor? Zunächst vergleichen wir uns mit den anderen. Wir haben akzeptiert, dass wir und andere im Hinblick auf das Streben nach Glück und die Überwindung von Leid grundlegend gleich sind.

Darüber hinaus haben wir erkannt, dass sämtlichen Wesen, wir selbst inbegriffen, das gleiche Recht zusteht, dieses Bestreben zu verwirklichen. Gleichgültig, wie wichtig oder unwichtig ein einzelner Mensch nach weltlichen Maßstäben auch sein mag: Soweit es um diese Grundtatsache geht, um den Wunsch nach Verwirklichung von Glück und Überwindung von Leid, gilt absolute Gleichheit.

Worin unterscheiden wir uns also? Hier handelt

es sich um einen zahlenmäßigen Unterschied. Völlig unabhängig von der Wichtigkeit eines Individuums ist sein eigenes Interesse lediglich das eines einzigen Wesens, das Interesse der anderen aber das einer unermesslich großen Zahl.

Da stellt sich dann die Frage, wer ist wichtiger? Wollen wir fair sein, müssen wir vom numerischen Standpunkt aus akzeptieren, dass das Interesse der anderen schwerer wiegt als unser Eigeninteresse. Auch in den uns vertrauten weltlichen Belangen verhält es sich ja so, dass im Allgemeinen jenen Angelegenheiten, die das Leben vieler Menschen betreffen, größere Bedeutung beigemessen wird als den Dingen, die nur eine geringere Zahl von Menschen oder gar nur einen Einzelnen angehen. Logischerweise sollte man daher akzeptieren, dass das Wohl der anderen bedeutsamer ist als das eigene.

Wir sind keine isolierten Einzelwesen!

Jetzt denken Sie vielleicht, das klingt ja alles ganz schön und gut. Schlussendlich aber sind Sie immer noch »Sie«, und die anderen sind »andere«.

Wären »ich« und »andere« total unabhängig voneinander und bestünde keinerlei Verbindung zwischen beiden, dann könnte es eventuell Gründe dafür geben, das Wohl der anderen außer Acht zu lassen und einfach nur im Eigeninteresse zu handeln. Das allerdings ist nicht der Fall. Denn ich und andere sind in Wirklichkeit durchaus nicht unabhängig voneinander, zwischen den jeweiligen Interessen besteht vielmehr eine Verflechtung.

Aus buddhistischer Sicht ist Ihr Leben, auch wenn Sie nicht erleuchtet sind, so sehr mit dem Leben jedes anderen verflochten, dass Sie sich wahrhaftig nicht für ein isoliertes Einzelwesen halten dürfen. Folgen Sie darüber hinaus einem spirituellen Weg, hängt dessen Verwirklichung in vielerlei Hinsicht von den wechselseitigen Beziehungen zu anderen ab. Die anderen sind also unentbehrlich.

Mag man auch die höchste Erleuchtungsstufe erreicht haben – die erleuchteten Aktivitäten dienen dem Wohl der anderen und manifestieren sich spontan, einfach weil andere Wesen existieren. Auf dieser Stufe sind die anderen somit abermals unentbehrlich. Ihr Leben und das Leben aller anderen stehen so sehr in einem wechselseitigen Bedingungsverhältnis, dass die Vorstellung eines von allen anderen vollkommen verschiedenen und unabhängigen Ich wahrhaftig keinen Sinn macht.

So verhält es sich in Wirklichkeit. Doch unser Umgang mit der Welt und unseren Mitmenschen spiegelt das keineswegs wider. Ungeachtet dieser Realität haben wir bis jetzt einen ganzen Komplex von selbstverliebten Gedanken gehegt und gepflegt. Wir glauben an etwas, das uns sehr lieb geworden ist, und wir halten es für kostbar, gleichsam für den Kernbestand unseres Daseins. Ein starker Glaube an eine individuelle Existenz, der wir ein unabhängiges Eigendasein zusprechen, geht damit Hand in Hand.

Der Glaube an ein ganz real vorhandenes Ich und die Wahrnehmung unseres Eigeninteresses auf Kosten der anderen sind die beiden vorherrschenden Gedanken und Emotionen, die wir im Verlauf vieler Leben in uns genährt haben. Mit welchem Resultat? Welchen Nutzen haben wir davon? Unentwegt leiden wir, dauernd haben wir negative Gedanken und Emotionen. Unsere Selbstverliebtheit hat uns also wirklich nicht sehr weit gebracht.

Eine Quelle von Leid und Elend

Von uns einmal ganz abgesehen: Auch wenn wir auf andere Menschen und die Welt um uns herum blicken und unser Augenmerk auf all die Krisen der Welt richten, auf all die Schwierigkeiten, auf all das Leid, so erkennen wir, dass viele dieser Probleme direkt oder indirekt die Auswirkungen von unkontrollierten negativen Geisteszuständen sind. Und worauf beruhen diese? Auf jener machtvollen Kombination aus Selbstbezogenheit und dem Glauben an eine unabhängige Existenz. Erst eine Verlagerung unseres Augenmerks auf die uns umgebende Welt macht es möglich, dass wir die ungeheuer destruktiven Auswirkungen dieses Denkens in ersten Ansätzen erfassen.

Wir könnten uns fragen: »Welchen Nutzen habe ich als Individuum von meiner Selbstbezogenheit und von meiner Überzeugung, als unabhängiges Ich zu existieren?« Wenn Sie wirklich gründlich darüber nachdenken, wird Ihnen klar, dass die Antwort lautet: »Keinen sehr großen.«

Tatsächlich sind diese Überzeugungen auch für das Individuum selbst eine Quelle von Leid und Elend. Die buddhistische Literatur enthält eine Fülle von Überlegungen dazu.

Vor ungefähr zwei Jahren war ich in den USA bei einem medizinischen Kongress zu Gast, und einer der Teilnehmer, ein Psychologe, stellte die Ergebnisse seiner Langzeitstudie vor. Eine Schlussfolgerung daraus hielt er für nahezu unanfechtbar. Ihr zufolge besteht eine Wechselbeziehung, eine statistisch nachweisbare Korrelation, zwischen frühzeitigem Tod, hohem Blutdruck und Herzerkrankungen auf der einen sowie einer überproportional gehäuften Verwendung von Personalpronomina der ersten Person (»ich«, »mich« und »mein«) auf der anderen Seite.

Dieses Ergebnis fand ich ausgesprochen interessant. Sogar wissenschaftliche Studien lassen offenbar auf einen Zusammenhang zwischen überzogener Wertschätzung der eigenen Person und der Beeinträchtigung des körperlichen Befindens schließen.

Wenn Sie nun im Unterschied dazu weniger sich selbst als vielmehr den anderen Ihre Aufmerksamkeit schenken und sich um ihr Wohl kümmern, so werden Sie als unmittelbare Folge davon ein Leben in größerer Offenheit führen, und es wird Ihnen leichter fallen, Ihren Mitmenschen die Hand entgegenzustrecken. Mit anderen Worten hat die Praxis zur Entwicklung einer altruistischen Geisteshaltung nicht nur aus religiöser Sicht, sondern auch vom weltlichen Blickwinkel aus heilsame Auswirkungen; und zwar nicht nur in Bezug auf eine langfristige spirituelle Entwicklung, sie macht sich auch für den Augenblick bezahlt. Zum Beispiel werde ich, wie ich Ihnen aus persönlicher Erfahrung berichten kann, gleich ruhiger und unbeschwerter, wenn ich mich in Altruismus übe und um andere kümmere. Altruismus kommt uns also ganz unmittelbar zugute.

Dasselbe gilt, wenn Sie die Einsicht entwickeln,

dass das Ich nichts wirklich unabhängig Existierendes ist, und statt dessen zu begreifen beginnen, in welcher Weise das Ich durch andere bedingt ist. Zwar ließe sich schwerlich behaupten, die bloße Besinnung darauf werde zu einer tief greifenden spirituellen Verwirklichung führen. Aber eine gewisse Wirkung hat sie schon. Ihr Geist wird sich öffnen. Etwas in Ihnen wird sich zu verändern beginnen. Die Umkehrung dieser beiden Haltungen – anstelle der Selbstbezogenheit ein altruistischer Bezug zu anderen; statt an das Eigendasein an das bedingte Entstehen glauben – hat daher selbst kurzfristig eine positive und heilsame Wirkung.

Zusammenfassend kann ich sagen, dass ich mit Shantideva übereinstimme, wenn er schreibt:

Was bedarf es noch weiterer Worte?
Die kindlichen Gemüter wirken auf den eigenen
Nutzen hin.
Die Buddhas wirken zum Nutzen der anderen.
Betrachte einfach den Unterschied zwischen
beiden!

Wenn ich mein Glück nicht
gegen das Leid der anderen tausche,
werde ich den Zustand der Buddhaschaft nicht
erreichen
und auch in Samsara keine wirkliche Freude
haben.

An sich selbst zu denken
ist die Quelle allen Elends auf der Welt,
an andere zu denken
die Quelle allen Glücks.

Quellenverzeichnis

Die Texte sind chronologisch folgenden Büchern des Dalai Lama entnommen:

Wer anderen Schaden zufügt, nimmt selbst Schaden!; Das dialogische Prinzip; Was bedeutet »Gewaltlosigkeit«?; Lassen Sie uns diesen schönen blauen Planeten bewahren!; Vom Umgang mit den Emotionen; Der Feind – unser bester Lehrer, aus:

Dalai Lama: *Mit weitem Herzen. Mitgefühl leben.* S. 22-26 und S. 33-36.

Die Übung des »Gebens und Nehmens«, aus:

Dalai Lama: *Der Mensch der Zukunft – Die Botschaft des Buddhismus für die Welt von morgen.* S. 144-145.

Zu einer umfassenderen Sicht der Dinge gelangen, aus:

Dalai Lama: *Die Kraft der Menschlichkeit.* © der deutschen Ausgabe 2003 Theseus Verlag, Berlin. S. 26.

Eine einfache Meditation, aus:

Dalai Lama: *Mit weitem Herzen.* A. a. O., S. 38-39.

Ein »weiser Egoismus«, aus:

Dalai Lama: *Die Kraft der Menschlichkeit.* A. a. O., S. 27.

Der Umgang mit leidvollen Erfahrungen auf dem spirituellen Weg, aus:

Dalai Lama: *Das Herz aller Religionen ist eins. Die Lehre Jesu aus buddhistischer Sicht.* © 1997 Hoffmann und Campe Verlag, Hamburg. S. 116-117.

Der Sinn des Lebens; Die wahrhaft menschlichen Werte fördern, aus:

Dalai Lama: *Die Kraft der Menschlichkeit.* A. a. O., S. 18-19 und S. 23-24.

Was ist Glück; So flüchtig wie ein Tautropfen; Ein Fass ohne Boden, aus:

Dalai Lama: *Das Buch der Menschlichkeit.* © 2000 Verlagsgruppe Lübbe GmbH & Co. KG, Bergisch Gladbach. S. 59-62.

Eine heilsame Motivation entwickeln, aus:

Dalai Lama: *Die Regeln des Glücks.* © 1999 Verlagsgruppe Lübbe GmbH & Co. KG, Bergisch Gladbach. S. 50–51.

Wahres Glück; Ein scheinbares Paradox; Welche Rolle spielen äußere Faktoren für unser Glück?; Unsere geistige Grundhaltung; Was können wir tun?; Das Glück der anderen über den eigenen Nutzen stellen; Der Unterschied zwischen spirituellem und ethischem Handeln, aus:

Dalai Lama: *Das Buch der Menschlichkeit.* A. a. O., S. 64-74.

Mitgefühl, Weisheit und Einsicht; Alle empfindenden Wesen als unsere Mütter ansehen; Gleichmut üben; Freunde, Feinde und Fremde; Bewusstsein und Wiedergeburt; Natürliche Verbundenheit; Sich selbst mit anderen gleichsetzen und austauschen; Absolut gleich; Wir sind keine isolierten Einzelwesen!; Eine Quelle von Leid und Elend; Die Quelle allen Glücks, aus:

Dalai Lama: *Ohne Anfang, ohne Ende.* © His Holiness The XIV. Dalai Lama 2000. Scherz Verlag, Bern 2001. Alle Rechte vorbehalten S. Fischer Verlag GmbH, Frankfurt am Main. S. 65-81.

Theseus im Internet: www.Theseus-Verlag.de
Wir senden Ihnen gern unseren Gesamtprospekt zu.

Bibliografische Information Der Deutschen Bibliothek
Die Deutsche Bibliothek verzeichnet diese Publikation in der Deutschen Nationalbibliografie; detaillierte bibliografische Daten sind im Internet über
http://dnb.ddb.de abrufbar.

ISBN 3-89620-266-9

Originalausgabe

Zusammenstellung und Bearbeitung: Michael Wallossek
Lektorat: Michael Stürzer

Umschlaggestaltung: Morian & Bayer-Eynck, Coesfeld,
www.mbedesign.de
Foto: © Clive Arrowsmith
Gestaltung und Satz: AS Typo & Grafik, Berlin
Foto auf Seite 8: © Ingo Scheffler, Berlin
Druck: GGP Media GmbH, Pößneck
Printed in Germany

Gedruckt auf alterungsbeständigem Papier mit chlorfrei gebleichtem Zellstoff.